O Arzgebirg, wie bist du schie,
Mit deine Wälder, ihr Wiesen,
Barg on Tol,
In Winter weiß, in Sommer grü.
O Arzgebirg, wie bist du schie!

Oh Erzgebirge, wie bist du schön
mit deinen Wäldern, den Wiesen
Berg und Tal. Im Winter weiß, im
Sommer grün.
Oh Erzgebirge, wie bist du schön

Anton Günther (1876–1937)

Erzgebirge
kulinarisch

von

Jana Männig

Trotz gewissenhafter Bearbeitung kann eine Haftung für den Inhalt nicht übernommen werden. Für aktuelle Ergänzungen und Anregungen ist der Verlag jederzeit dankbar. Wir bedanken uns bei allen, die uns unterstützt haben.

Impressum

Gerichtsweg 28, 04103 Leipzig
Tel.: 0341 / 493574-0, Fax: 0341 / 493574-40
www.buchverlag-leipzig.de

Bildnachweis: Seite 128
Gestaltung und Satz: Uta Wolf, Quedlinburg
Druck: Druckhaus Gera
Bindearbeiten: Müller Buchbinderei GmbH, Leipzig
Printed in Germany

1. Auflage 2023
ISBN 978-3-89798-661-9

Inhaltsverzeichnis

Das Erzgebirge und seine Küche *oder* Not macht erfinderisch

Das Erzgebirge erstreckt sich auf sächsischer Seite vom Auer Talkessel im Westen, über den Fichtelberg und das Zwönitztal in der Mitte, bis in den Osten nach Dippoldiswalde und Glashütte. Flache Hochebenen, steile Kämme und enge Täler prägen die Region geologisch seit mehr als 12.000 Jahren. Lange, kalte und schneereiche Winter sowie kühle, feuchte Sommer formten über Generationen einen zähen und stolzen Menschenschlag, der seine Heimat trotz und wegen des unwirtlichen Klimas und der kargen Flora innig liebt.

In den kurzen Vegetationsphasen trotzten die Menschen im Erzgebirge den steinigen Böden so viel wie nur möglich ab, wenn auch meist kaum mehr als Kartoffeln. Doch damit kreierten sie eine kaum zu überschauende Menge phantastischer Gerichte. Was aus Wäldern und Flüssen herausgeholt werden konnte, wurde haltbar gemacht, und wenn es etwas zu feiern gab, dann ließen sich auch die Gebirgsbewohner nicht lumpen. Allein neun verschiedene Gerichte umfasst das traditionelle Weihnachtsessen „Neinerlaa".

S. 8/9: Blick zum Fichtelberg

Im vertrauten Wechsel der Jahreszeiten kommen auch heute noch altbewährte, klassische Gerichte auf den Tisch, die den Jahreslauf kulinarisch erlebbar machen und mit der Verwendung von regionalen und saisonalen Produkten ein freundlicher Hinweis auf mehr Nachhaltigkeit sein können.
Wenn nicht anders angegeben, gelten alle Rezepte für 4 Personen.

(Diese folgenden und alle weiteren einleitenden Verse zu den Jahreszeiten sind Strophen aus dem Lied „Arzgebirg, wie bist du schie!" des erzgebirgischen Mundartdichters Anton Günther (5. Juni 1876 bis 29. April 1937, Gottesgab, Böhmen).

Aardeppelgetzen, Rauche Mad,
grüne Kließ – ahh e Frahd! –
gibt's bei uns is ganze Gahr
sei de Aardepp net ze rar.

Aardeppelgetzen, Raachermaad,
grüne Klöße – auch eine Freude! –
gibt es bei uns das ganze Jahr
sind die Kartoffeln nicht zu rar.

Frühling

In Frügahr, wenn der Schnee zetaat,
de Wasserle fließen, de Beer blüht in der Haad, wenn's sommt on singt in aller Früh.
O Arzgebirg, wie bist du schie!

Im Frühjahr, wenn der Schnee taut,
die Wasser fließen, die Beeren blühen in der Heide,
wenn es summt und singt in der Früh.
Oh Erzgebirge, wie bist du schön!

„Was de Sonn waglaggt, kimmt wieder" (Was die Sonne wegleckt, kommt wieder), sagt man im Erzgebirge und freut sich zwar an warmen Sonnenstrahlen im Frühjahr, weiß aber doch, dass es viel mehr braucht als Sonnenschein, bis endlich erste Schnee-

glöckchen zwischen den Schneeresten zu sehen sein werden. Vor allem braucht es viel Zeit.
Der März tut sich bekanntlich schwer, als Frühlingsmonat zu überzeugen, und auch im April kommt der Lenz im oberen Erzgebirge mitunter schwer aus den Startlöchern. Wenn aber erst einmal der geschmolzene Schnee in Bächen die Straßen hinabläuft, wenn der Nachbar den verbliebenen schmutzigen Schneehaufen zersticht, der im Dezember ein stolzer Schneemann gewesen war und wenn sogar die Einheimischen ihre warmen Win-

S. 12/13: Drebacher Krokuswiesen

terstiefel gegen „flache Schuhe" tauschen, dann ist der Frühling da.

Während der Zeit der Krokusblüte bilden die Wiesen um Drebach einen Teppich aus violetten Blüten und erfreuen im März und April Einheimische und Touristen gleichermaßen. Weniger bekannt, aber ebenso unvergleichlich schön sind die Narzissenwiesen in Königswalde. Oft sind sie Vorboten der Osterzeit.

Osterbrunnen in Thalheim

Löwenzahnsalat

500 g junge Löwenzahnblätter
Salz • Saft von 1 Zitrone
50 g Speck • 1 Zwiebel

Den Löwenzahn waschen, trockenschleudern, grob schneiden und mit Salz und Zitronensaft abschmecken. Die Speckwürfel sachte ausbraten, fein gehackte Zwiebel zugeben und glasig schwitzen. Anschließend zum Löwenzahn geben und servieren.

Tipp: Es können selbstverständlich auch andere Frühlings-Wildkräuter wie Giersch, Hirtentäschel, Brennnessel, Spitzwegerich oder Gänseblümchen verwendet werden.

Brennnesselsuppe

200 g mehlig kochende Kartoffeln
2 Frühlingszwiebeln
2 Knoblauchzehen
1 EL Butter • 400 g junge Brennnesseln
1 l Gemüsebrühe • Sahne
Salz • Muskatnuss
Schwarzbrotcroûtons

Die geschälten Kartoffeln in kleine Würfel schneiden. Zwiebeln und Knoblauch schälen und fein hacken. Alles in der Butter anschwitzen. Die gewaschenen Brennnesseln dazugeben und anschließend mit der Gemüsebrühe auffüllen. Wenn die Kartoffeln weich sind, alles pürieren. Sahne nach Geschmack zugeben und ab-

schließend mit Salz und Muskatnuss abschmecken. Mit Schwarzbrotcroûtons servieren.

Gulasch

30 g getrocknete Waldpilze
600 g Rindfleisch (Keule oder Bug)
3 große Zwiebeln
50 g Schweineschmalz
3 EL Paprika edelsüß
3 Knoblauchzehen
1 EL Tomatenmark
ca. 400 ml Brühe oder Wasser
Pfeffer • Salz
Kümmel nach Bedarf

Die Pilze in etwas Wasser einweichen. Das Fleisch in Würfel und die geschälten Zwiebeln in Ringe schneiden. Das Schmalz im Bräter auslassen und die Fleischwürfel kurz anbraten. Zwiebelringe zugeben und alles mit

Paprika bestäuben. Austretende Flüssigkeit einkochen lassen, gehackten Knoblauch, Tomatenmark sowie die ausgedrückten Pilze hinzufügen, mit Salz und Pfeffer würzen. Wer mag, gibt auch Kümmel dazu. Zugedeckt etwa 50 Minuten schmoren lassen, bei Bedarf ab und zu etwas Wasser oder Brühe zugeben.
Zum Gulasch mit viel Soße passen böhmische Knödel (z. B. Rezept S. 28) oder Nudeln.

Böhmischer Einfluss

Obgleich der böhmische Teil des Erzgebirges bis nach dem Zweiten Weltkrieg überwiegend von deutschsprachiger Bevölkerung bewohnt war, sind doch die Einflüsse der böhmischen Küche unverkennbar. Böhmische Knödel oder Buchteln sind aus der erzgebirgischen Küche traditionell nicht mehr wegzudenken, seit sie mit Protestanten aus Böhmen zu Beginn des 16. Jahrhunderts nach Sachsen kamen. Und ehemalige Mamsellen der vornehmen Wiener Gesellschaft sollen die feinen Mehlspeisen ins Erzgebirge gebracht haben. Diese gingen mit den Früchten des Waldes, den süßen Schwarzbeeren und den herben Preiselbeeren, die heute wie damals eifrig gesammelt werden, eine überaus wohlschmeckende Verbindung ein.

Eine kleine Auswahl beliebter Gerichte aus dem Gebiet des Erzgebirges auf der tschechischen Seite, dem *Krušné hory*, darf in einer Zusammenstellung erzgebirgischer Rezepte deshalb nicht fehlen.

S. 26/27: Verlassene Ortschaft Königsmühle im Böhmischen Erzgebirge

Böhmische Knödel

1/2 Würfel frische Hefe
200 ml Milch
1/2 TL Salz • 1/2 TL Zucker
1 Ei • 1 altbackenes Brötchen
500 g griffiges Mehl

Die Hefe in der handwarmen Milch auflösen und mit Salz, Zucker, Ei, Brötchenwürfeln und Mehl zu einem geschmeidigen Teig verkneten. Den Teig aufgehen lassen, dann gleichmäßige Rollen von etwa 25 cm Länge und 10 cm Durchmesser formen und nochmals gehen lassen. Die Knödelrollen nacheinander etwa 20 Minuten dämpfen: Dafür einen Topf etwa bis zur Hälfte mit Wasser füllen. Klöße

hineingeben. Über den Topf mit Hilfe von Holzwäscheklammern ein sauberes Geschirrtuch spannen. Das Tuch darf nicht zu tief hängen und nicht das Wasser berühren. Eine passende Schüssel als Deckel benutzen, damit der Dampf nicht entweichen kann.
Die fertigen Knödel noch heiß mit einem Messer oder Küchenfaden in Scheiben schneiden und sofort servieren.

Böhmische Kartoffelsuppe

1 Handvoll getrocknete Pilze
600 g Kartoffeln
200 g Wurzelgemüse (Möhre, Petersilienwurzel, Knollensellerie)
1 kleine Zwiebel • 2 EL Margarine
2 EL Mehl • 1 Knoblauchzehe
Salz • Paprika edelsüß
Majoran • Petersilie

Pilze im warmen Wasser einweichen, Kartoffeln schälen und würfeln, Wurzelgemüse und Zwiebel schälen und klein hacken. Aus Margarine und Mehl eine helle Schwitze bereiten, etwa 1 l kaltes Wasser langsam unter Rühren dazugeben, damit sich keine Klümpchen bilden. Anschließend Kar-

toffeln, Gemüse, fein gehackte Knoblauchzehe, Gewürze und die Pilze mit dem Einweichwasser hinzugeben und alles etwa 15 Minuten kochen. Mit gehackter Petersilie bestreuen und servieren.

Ardeppelkung

1 Würfel frische Hefe oder
1 Pck. Trockenhefe
300 ml Milch
500 g Mehl
370 g gekochte Kartoffeln
vom Vortag
125 g Butter • 3 Eier
3 EL Zucker • 1 Prise Salz
150 g Butter zum Beträufeln
Zimtzucker

Die frische Hefe in der handwarmen Milch auflösen oder Trockenhefe mit der Milch und etwa 450 g Mehl verkneten und zugedeckt an einem warmen Ort gehen lassen. (Temperaturen, die höher als Körpertemperatur liegen, töten die Hefebakterien ab und der Teig geht nicht auf. Kälte hingegen schadet nicht, sie lässt den Teig lediglich langsamer aufgehen. Es macht im Ergebnis keinerlei Unterschied, ob Sie frische oder Trockenhefe verarbeiten. Sie verzichten lediglich auf das besondere Feeling beim Auflösen der Hefe.)

Geriebene Kartoffeln, weiche Butter, Eier, Zucker und Salz unter den aufgegangenen Teig kneten. Dabei so viel weiteres Mehl zugeben, dass der Teig fast nicht mehr an den Händen klebt. Die Menge hängt von der Mehligkeit der verwendeten Kartoffeln ab. Ein Backblech einfetten und den Teig darauf festdrücken, abdecken und nochmals 20 Minuten an einem warmen Ort gehen lassen. Den Teig mit einer Gabel mehrmals einstechen und anschließend in Abständen Mulden in den Teig drücken. 150 g Butter schmelzen und etwa 2/3 der Menge auf dem Kuchen verteilen, mit reichlich Zimtzucker bestreuen und anschließend die restliche Butter in den Mulden verteilen. Im vorgeheizten Backofen bei etwa 160 °C in 30 Minuten schön hellbraun backen.

„Ardeppelkung, dann muss mr warm versung!"

Sommer

On wenn de Schwarzbeer zeitig sei,
de Saasen klinge, wie duftig richt
nort's Hei,
nort ka mer in de Schwamme gieh.
O Arzgebirg, wie bist du schie!

Und wenn die Heidelbeeren
zeitig sind, die Sensen klingen,
wie duftig riecht das Heu,
dann kann man in die Pilze geh'n.
Oh Erzgebirge, wie bist du schön!

Das Erzgebirge hat sich in den letzten Jahren mehr und mehr zu einer Region entwickelt, die nicht nur im Winter Erholungsuchende anzieht. Der Klimawandel sorgt sogar in den Gebirgsregionen zunehmend für Trockenheits- und Hitzeperioden, die dennoch für viele Menschen leichter zu ertragen sind als in den großen Städten. In den erzgebirgischen Wäldern finden sie neben Kühle und Stille auch schon die ersten Schwarzbeeren, die beim Wandern frisch genascht oder aber fleißig gesammelt und haltbar gemacht werden. Denn die weihnachtliche „Semmelmilch" wird erst mit den selbst gesammelten Schwarzbeeren (Heidelbeeren) komplett.

Mythos Eierschecke

Um die Zubereitung der echten Freiberger Eierschecke ranken sich Mythen und Geschichten, die den Hobbybäckerinnen frech den Blick auf das Wesentlichste, nämlich die korrekte Zutatenliste, verstellen. Was nicht an diese besondere Eierschecke gehört und sie damit von ihrer bekannten Dresdner Schwester unterscheidet, ist Quark. Dazu gleich mehr. Was jedoch in welchen Zusammensetzungen aus einem dünnen Hefeboden mit Guss (oder Mürbeteigboden, wer weiß das schon so genau) eine Freiberger Eierschecke macht, das ist und bleibt ein gut gehütetes Geheimnis.

Aber zurück zum fehlenden Quark! Der wurde nämlich, so erzählt man sich, im 13. Jahrhundert beim Bau der Stadtmauer quasi als Mörtel verwendet. In Ermangelung dieser Zutat versahen die Freiberger Bäcker ihre Schecke damals mit einem üppigen Guss aus Zucker, vielen Eiern und Rosinen – und erfanden so die Freiberger Eierschecke. Dieser Kuchen ist flacher als die bekannte Dresdner Eierschecke, aber ein köstliches Stück Heimat für Weggezogene und Daheimgebliebene, über dessen Originalrezept in den Freiberger Bäckereien und Familien jedoch eifersüchtig gewacht wird. Schließlich ist die Bezeichnung „Freiberger Eierschecke" seit 2007 markenrechtlich geschützt und darf

gewerbsmäßig nur von den Mitgliedern des Markenverbandes Freiberger Eierschecke verwendet werden.
Probieren Sie doch einfach unsere Mürbeteig-Variante der Schecke ohne Rosinen, dafür mit Mandelblättchen – möglicherweise nicht das geheimnisvolle Original, aber in jedem Fall köstlich!

Die Freiberger Stadtmauer

Freiberger Eierschecke

Für 1 Springform 24 cm Ø

Für den Boden:
100 g Butter oder Margarine
50 g Zucker • 1 Pck. Vanillezucker
1 Ei • 200 g Mehl

Für den Guss:
6 Eier
100 g Zucker
100 g Butter oder Margarine
2 EL Mandelblättchen

Butter, Zucker, Vanillezucker und Ei schaumig schlagen, das Mehl darunterkneten und den Teig 30 Minuten kühl stellen.

Den Boden der Springform mit Backpapier auskleiden oder fetten, Teig ausrollen und in die Form drücken, dabei einen 2 bis 3 cm breiten Rand hochziehen.

Für den Guss die Eier trennen, das Eiweiß steif schlagen und zur Seite stellen. Nun das Eigelb mit dem Zucker schaumig schlagen und mit der zerlassenen Butter verrühren. Den Eischnee vorsichtig unterheben und den Guss auf dem Mürbeteig verteilen. Mit Mandelblättchen bestreuen. Bei etwa 150 °C Ober- und Unterhitze ca. 30 bis 40 Minuten im unteren Drittel des Backofens backen. Wenn der Kuchen zu dunkel zu werden droht, mit Backpapier abdecken.

Buttermilchgetzen

Für 1 Springform 24 cm Ø

1 1/2 kg Kartoffeln
1 kleine Zwiebel
1/2 l Buttermilch
Salz • Kümmel
150 g Speck

Die Kartoffeln schälen, fein reiben und etwas ausdrücken. Mit der kleingehackten Zwiebel und den Gewürzen vermengen. Den Speck fein würfeln und langsam kross ausbraten. Fett und Grieben anschließend in ein hohes Backblech geben, die Kartoffel-Buttermilch-Masse darüber verteilen. Das Fett von den Seitenrändern mit einem Löffel über dem Teig verteilen. Bei mittlerer Hitze backen, bis die Oberfläche goldbraun ist.

Tipp: Wer mag, lässt den Speck in 2 EL Leinöl aus. Verwendet man 2/3 gekochte und 1/3 rohe Kartoffeln reduziert sich die Buttermilchmenge um etwa die Hälfte.

Schwammesupp

500 g Waldpilze
(Maronen, Steinpilze)
2 EL Butter • 60 g Mehl
1 l kräftige Fleisch- oder
Gemüsebrühe
2 Eier • 100 ml Sahne
weißer, gemahlener Pfeffer
Salz • Zucker
1 Bund gehackte Petersilie

Die Pilze putzen, in Scheiben schneiden und in Butter anschwitzen. Mit Mehl bestäuben und leicht bräunen lassen. Mit der Brühe aufgießen und 20 Minuten leise köcheln lassen. Die Eier trennen und das Eigelb mit der Sahne verquirlen. Die Suppe vom

Herd nehmen, die Eiersahne unterrühren (nicht mehr aufkochen!), mit den Gewürzen abschmecken und mit Petersilie bestreut servieren.

Tipp: Sie können selbstverständlich auch 2 bis 3 Handvoll getrocknete Pilze verwenden. Diese 60 Minuten in etwas Wasser einweichen, anschließend gut ausdrücken und wie mit frischen Pilzen weiterverfahren.

Grüne Klitscher

1 kg Kartoffeln • 1 kleine Zwiebel
1–2 EL Mehl • 3 Eier
1 EL Stärkemehl • 1 TL Salz
evtl. etwas Kümmel • Öl zum Braten

Die Kartoffeln fein reiben, etwas stehen lassen, damit sich die Flüssigkeit absetzt, dann vorsichtig abgießen, bei Bedarf die Masse etwas durch ein Tuch ausdrücken. Die Zwiebel schälen, fein hacken und mit Mehl, Eiern, Stärkemehl, Salz und Kümmel unter die Kartoffeln mischen. Öl in der Pfanne erhitzen, flache, handtellergroße Kleckse hineingeben und ausbacken. Mit Apfelmus und Zucker oder Kräuterquark und Räucherlachs servieren.

Böhmische Buchteln mit Powidel

reichlich 1/2 Würfel Hefe oder
1 Pck. Trockenhefe
250 ml Milch
500 g Mehl
100 g Zucker
100 g weiche Butter
2 Eier • 1 Prise Salz
1 Pck. Vanillezucker

Außerdem:
ca. 80–100 g zerlassene Butter
1/2 Glas (ca. 200 g) Pflaumenmus (Powidel)
etwas Puderzucker

Die Hefe in der lauwarmen Milch auflösen und mit den übrigen Zutaten zu einem geschmeidigen Hefeteig kneten, der sich vom Schüsselrand löst, Blasen zu werfen beginnt und glänzt. An einem warmen Ort reichlich 60 Minuten aufgehen lassen.

Eine ausreichend große Auflaufform mit 1/3 der zerlassenen Butter einfetten. Den Teig in 20 gleichgroße Stücke teilen, mit der Hand flachdrücken, in die Mitte 1 TL Pflaumenmus geben, den Teig darüber verschließen und die Buchtel mit der „Naht" nach unten in die Form setzen, mit Butter einpinseln und die nächste daneben platzieren. Dabei immer ein wenig Raum lassen, denn die Buchteln wollen aufgehen. Noch einmal 15 Minu-

ten gehen lassen und währenddessen den Herd auf ca. 180 °C vorheizen. Auf der mittleren Schiene in 35 Minuten hellbraun backen. In der Form etwas auskühlen lassen, mit Puderzucker besieben und genießen.
Dazu passt gut eine Vanillesoße.

Herbst

In Harbist is su still on leer, is Hei on
Haazing rei, rut glüht de Vugelbeer,
nort ka mer wieder hutzen gieh.
O Arzgebirg, wie bist du schie!

Im Herbst wird es so still und leer
Heu und Kohlen liegen bereit,
rot glüht die Vogelbeere,
dann kann man wieder
„hutzen" geh'n.
Oh Erzgebirge, wie bist du schön!

Im Herbst zieht das Erzgebirge noch einmal alle Register. Die Wälder entfalten eine ungeahnte Farbenpracht und die milden Sonnenstrahlen locken Groß und Klein hinaus in die Natur - schließlich kann es jederzeit vorbei sein mit der Schönheit.

Wenn morgens der erste Raureif die Wiesen überzieht, die Vögel in Scharen in die Vogelbeerbäume einfallen und die Dämmerung nicht weichen will, dann wird es höchste Zeit für erzgebirgische Gemütlichkeit. Die Tradition des Hutzengehens wird zwar nur noch selten gepflegt, doch ein Pfännchen Raachermaad (ein deftiges Kartoffelgericht) ist allemal ein guter Anfang, um den Herbst behaglich willkommen zu heißen.

Raachermaad

Für 2 Portionen

800 g Kartoffeln
Salz • 200 g Speck
4 EL Öl • 2 EL Butter

Die Kartoffeln mit Schale kochen, pellen, abkühlen lassen und anschließend fein reiben, salzen und in zwei Portionen teilen. Speck fein würfeln und im Öl langsam auslassen. Die Hälfte entnehmen und zur Seite stellen. Eine Portion der Kartoffelmasse auf eine Portion der Speckmasse in die Pfanne geben und fest drücken. Langsam durchbacken, so dass unten eine appetitliche Kruste entsteht, aber nichts anbrennt. Auf einen Teller stürzen und mit der zerlassenen Butter beträufeln. Mit der anderen Hälfte Speck- und Kartoffelmasse ebenso verfahren.

Die Rezeptbezeichnung erklärt sich aus der Zubereitungsweise – das „rauhe oder rauchende Mädchen" wird goldbraun gebacken, nicht zu lange, sonst beginnt es zu rauchen.

Schwammebrieh

30 g getrocknete Waldpilze
1/2 l Pilz-Einweichwasser
1 große Zwiebel
1/2 TL ganzer Kümmel
1 Lorbeerblatt
Salz • Pfeffer
400 g frische Waldpilze
1 EL Mehl (alternativ dunkler Soßenbinder)
60 g durchwachsener geräucherter Bauchspeck
1 EL Butterschmalz oder Öl
Piment, Zucker
etwas Essig
1/2 Bund gehackte Petersilie

Die getrockneten Pilze über Nacht in

Wasser einweichen. Am nächsten Tag abgießen, mit 1/2 l Einweichwasser, der gehackten Zwiebel, Kümmel, Lorbeerblatt, Salz und Pfeffer in etwa 40 Minuten weich kochen.

Inzwischen eine dunkle Einbrenne herstellen. Dafür das Mehl ohne Fett in einer Pfanne langsam mittelbraun rösten, mit etwas Wasser glattrühren und die Schwammebrieh damit binden. Die Speckwürfel langsam ausbraten, in die Soße geben und gut durchkochen. Unterdessen die geputzten, klein geschnittenen frischen Pilze mit Salz und Pfeffer gewürzt im Butterschmalz braten. Dann in der Pilzsoße 5 Minuten mitkochen. Mit Zucker, etwas Essig und gemahlenem Piment pikant abschmecken.

Tipp: Wer keine frischen Pilze vorrätig hat, verdoppelt die Menge der getrockneten.
Ohne Speck ergibt es eine vorzügliche vegane Schwammebrieh.

Wer sich fragt, was der Unterschied ist zwischen Schwammesupp (siehe Rezept Seite 50) und Schwammebrieh, dem sei gesagt: Schwammebrieh ist eine Soße, zu der am besten böhmische Knödel passen.

Zudelsupp

8 große Kartoffeln
2 l Fleisch- oder Gemüsebrühe
Salz • Pfeffer
2 mittelgroße Zwiebeln
1 EL Butter

Die Kartoffeln schälen und fein reiben. Die Masse, ohne sie auszudrücken, vorsichtig in die kochende Brühe rühren und 20 Minuten leicht kochen lassen, dabei abschmecken. Hin und wieder umrühren, damit nichts anbrennt. Unterdessen die Zwiebeln schälen, in Ringe schneiden und in der Butter hell bräunen. Vor dem Servieren über die Zudelsuppe geben.

Diese Suppe ist ein schnelles und preiswertes Seelenfutter.

Die Namensherkunft liest sich nicht so appetitlich – als Zudeln bezeichnet man im Erzgebirge wirres, ungepflegtes Haar und die geriebenen Kartoffeln erinnern etwas daran ...

Kan schennern Baam gibt's wie 'ne Vugelbeerbaam ...

Der Vogelbeerbaum wird gern als Charakterbaum des Erzgebirges bezeichnet. Wenn anderen Orts die Obstbäume bereits verblühen, ist es hier oben die Eberesche, die sich mit ihren weißen Blütendolden schmückt. Die kleinen Beeren beginnen sich über den Sommer rot zu färben. Wenn im Herbst die Bäume voll Vogelbeeren hängen, so dass man kaum noch das Laub zu erkennen vermag, wissen die Einheimischen, dass es ein harter Winter wird.

Für die Vögel ist gesorgt, sie stärken sich an den Vogelbeeren. Doch woher weiß der Baum bereits im Frühjahr, dass die Drosseln und Amseln gerade in diesem Herbst eine besonders große Ration brauchen?
Die Früchte der Edel-Eberesche können übrigens bedenkenlos verzehrt werden. Was den Seefahrern früher als Vitamin–C-Spende gegen Scorbut recht war, ist uns heute als Alternative zu Nahrungsergänzungsmitteln billig. Nicht nur die Früchte tun uns gut, sondern auch die Blätter. Sie sollen getrocknet und als Tee aufgegossen gegen Erkrankungen wie Husten, Bronchitis, aber auch Verdauungsbeschwerden und selbst Hämorrhoiden, Rheuma und Gicht helfen.

Vogelbeermarmelade

1 kg Vogelbeeren
250 ml Apfelsaft
500 g Gelierzucker (2:1)
1/2 TL Zitronensaft

Die Vogelbeeren von den Dolden streifen, waschen abtropfen lassen und 2 bis 3 Tage einfrieren. Den Apfelsaft erwärmen und die Beeren darin vorsichtig erhitzen, bis sie aufplatzen. Dabei immer wieder umrühren. Abkühlen lassen, danach durch ein Sieb streichen und mit Gelierzucker und Zitronensaft 3 Minuten sprudelnd kochen. Anschließend in vorbereitete Gläser füllen und fest verschließen.

Tipp: Diese herbe Spezialität aus den Früchten des erzgebirgischen Charakterbaumes ist etwas ganz Besonderes. Verwenden Sie Beeren der Edel-Eberesche und zwar nach dem ersten Frost (oder frieren sie die Früchte ein), um die Bitterstoffe abzumildern.

Wildschweinbraten

Für 6 Portionen

1 1/2 kg Wildschweinfleisch im Stück
2 Lorbeerblätter
6 Wacholderbeeren
4 Pfefferkörner
1 l Buttermilch
Salz • Pfeffer
etwas getrockneter Rosmarin
1 Bund Suppengrün
2 EL Öl oder Schmalz
1 l Rotwein
1/2 Becher Sahne (=100 g)
2 EL Johannis- oder Preiselbeergelee

Das Fleisch mit 1 Lorbeerblatt, 3 Wacholderbeeren, 3 zerdrückten Pfefferkörnern über Nacht in der Buttermilch einlegen. Am nächsten Tag abtupfen, mit Salz, Pfeffer und Rosmarin einreiben. Gemeinsam mit dem klein geschnittenen Suppengrün in Fett in einem Bräter scharf anbraten, mit Rotwein ablöschen, die restlichen Gewürze zugeben und ca. 2 Stunden bei 200 °C zugedeckt im Backofen schmoren lassen. Wenn das Fleisch zart ist, herausnehmen, in Alufolie wickeln und 10 Minuten ruhen lassen.

Inzwischen den Sud mit dem Suppengemüse pürieren, Johannisbeergelee zugeben und nochmals abschmecken. Sahne unterrühren, das Fleisch in Scheiben schneiden und servieren.

Böhmische Kolatschen

500 g Mehl Type 550 oder 405
1/2 Würfel Hefe • 250 ml Milch
70 g Zucker • 80 g Butter
1/4 TL Salz • Abrieb von 1 Zitrone
1 Ei • 1 Pck. Mohnback (250 g)

Das Mehl in eine Schüssel sieben, in die Mitte eine Mulde drücken, die zerbröckelte Hefe mit 100 ml lauwarmer Milch verrühren und hineingießen. Zugedeckt etwa 10 Minuten ruhen lassen, dann 150 ml Milch, Zucker, die flüssige Butter, Salz, Zitronenabrieb und Ei zugeben. Alles zu einem glatten Teig kneten. In der zugedeckten Schüssel bis zur doppelten Größe gehen lassen.

Den Hefeteig zu einer Rolle formen, in gleichmäßige Scheiben von je ca. 60 g schneiden. Kugeln formen und diese flach drücken. Von innen nach außen arbeiten, sodass ein Rand entsteht. Auf ein mit Backpapier belegtes Backblech verteilen, die Innenfläche mehrmals mit einer Gabel einstechen. Die Ränder mit verquirltem Eigelb bestreichen. Mohnback in die Mitte jeder Kolatsche geben. Bei ca. 200 °C etwa 15 bis 25 Minuten goldgelb backen. Zur Sicherheit mit einem Pfannenwender anheben, um zu sehen, ob die Unterseite durchgebacken ist.

Tipp: Gern werden die Kolatschen auch mit Quark und/oder Pflaumenmus gefüllt.

Erzgebirgischer Weihnachtsstollen

Für etwa 3 Stollen

Für den Teig:
750 g Rosinen
10 EL Rum (alternativ Zitronensaft)
150 g frische Hefe • 250 ml Milch
250 g Zucker • 2 kg Mehl
1 kg zimmerwarmes Butterschmalz
1/2 EL Salz • 1 Bio-Zitrone
100 g gehackte bittere Mandeln
500 g gehackte süße Mandeln
200 g Zitronat • 2 Pck. Vanillezucker

Zum Buttern und Bezuckern:
ca. 1 1/2 Stück Butter
400 g Zucker • 200 g Puderzucker

Am Vortag die Rosinen in Rum einlegen.
Dann den Vorteig bereiten. Dafür die Hefe in drei Esslöffeln lauwarmer Milch auflösen und mit etwas Zucker vermischen. Das Mehl in eine große Schüssel geben. In der Mitte eine Mulde formen und die Hefemilch hineingießen. Ein wenig Mehl von den Rändern der Mulde zugeben und zu einem dünnflüssigen Brei verrühren. Dieses Hefestück an einem warmen Ort aufgehen lassen, bis die Oberfläche rissig zu werden beginnt.
Nun nacheinander das übrige Mehl, Butterschmalz, Salz, Zucker und warme Milch unterkneten, bis sich der Teig vom Schüsselrand löst. Überschüssigen Rum von den Rosinen

abgießen, die Zitronenschale abreiben und alles mit den übrigen Zutaten verkneten. Anschließend in 30 bis 45 Minuten zur doppelten Größe aufgehen lassen.

Aus dem Teig drei längliche Laibe formen und jeden zweimal längs einschneiden. Nochmals gehen lassen und währenddessen den Herd auf 170 °C vorheizen. Die Stollen 60 Minuten bei Ober- und Unterhitze backen und anschließend auskühlen lassen.

Die Butter vorsichtig schmelzen und die Stollen großzügig damit bestreichen, mit 1/3 des Zuckers bestreuen und mit 1/3 des Puderzuckers bestäuben. Im nächsten Schritt die Stollen nun mit einem Teil der übrigen Butter

betropfen, mit dem nächsten Drittel des Zuckers und Puderzuckers bestreuen und anschließend alles wiederholen, bis die Butter verbraucht ist.
Die fertigen Stollen in Stollentüten verpacken und mindestens 2 Wochen kühl (ca. 10 bis 12 °C) und trocken durchziehen lassen. Vor dem Verzehr nochmals mit Puderzucker bestäuben.

Tipp: Das Buttern und Bestreuen sollte in mindestens drei Schichten erfolgen, denn ein guter erzgebirgischer Stollen trägt eine ansehnliche Haube aus Butter und Zucker.

Weihnachtsplätzchen

500 g Mehl • 200 g Zucker
250 g Butter
1/2 Pck. Backpulver
1 Pck. Vanillinzucker
1 Prise Salz • 100 g geriebene Mandeln, Wal- und Haselnüsse gemischt oder nur geriebene Mandeln • 2 Eier

Die Zutaten rasch zu einem glatten Teig verkneten und anschließend dünn ausrollen. Nun beliebig ausstechen und auf einem mit Backpapier belegten Blech ca. 8 bis 10 Minuten bei 180 °C backen.

Tipp: Die Plätzchen unbedingt gut im Auge behalten, denn jeder Herd

ist anders, und sie sollten nur ganz leicht bräunen. Nach dem Abkühlen nach Belieben glasieren oder verzieren. Bis zum Verzehr in gut schließbaren Dosen aufbewahren.

Winter

On kömmt de liebe Winterschzeit,
nort liegt in Frieden de Haamit tief
verschneit, mir fahrn mit Schnee-
schuh drüber hie.
O Arzgebirg, wie bist du schie!

Und kommt die liebe Winterszeit,
dann liegt in Frieden
die Heimat tief verschneit.
Wir fahr`n mit Schneeschuhen
darüber hin.
Oh Erzgebirge, wie bist du schön!

Beginnt die liebe Winterszeit dann warten die Einheimischen auf den Schnee. Vergessen ist die Erleichterung, mit der sie im Frühling den Schneeschieber verächtlich in die Kellerecke gestellt hatten. Spätestens im Advent muss es schneien. Wenn die Schwibbögen in den Fenstern leuchten, der feine Weihrauchduft der Räucherkerzen durchs Haus zieht und es draußen sachte schneit, dann beginnt für viele die schönste Jahreszeit im „Weihnachtsland Erzgebirge". Doch nicht nur das. Nun heißt es „Ski und Rodel gut" und auf den Pisten tummeln sich enthusiastische Wintersportler*innen. Morgens allerdings haben die Einheimischen ihren Hang oft noch für sich allein und ziehen ungefährdet ihre klassisch-schönen Slalombahnen ins Tal.

Heit is der heil´ge Ohmd ihr Leit,
kummt rei, mer gießen Blei.
Fritz, laf när glei zr Hannelies
die soll beizeiten rei.

Heute ist der heilige Abend,
ihr Leute,
kommt rein, wir gießen Blei
Fritz, lauf nur gleich zur Hannelies,
sie muss beizeiten rein.

Aus: „Heiligohmdlied" um 1825
von Johanne Amalie Elterlein
(1784–1865)

Suppenland

Wer nach „dr Supp" fragt, wird nach Neudorf ins Suppenland geschickt. Wie es zu diesem Orts-Kosenamen kam, erzählt folgende kleine Geschichte:

Unweit des Moorgebietes „Siebensäure" bei Neudorf hauste im 16. Jahrhundert ein Einsiedler – der „Katzenhans". Im Winter bat er auf den Neudorfer Gehöften um eine warme Mahlzeit und bekam in jedem Haus eine Suppe vorgesetzt. Unterwegs zu seiner Einsiedelei schwabberte die viele Flüssigkeit in seinem Bauch. Am Waldrand blieb er stehen und stöhnte laut: „Neidorf, de bist su eh richtiges Suppendorf, nischt anneres als ä dünne Supp' kriegt mer überoll ze aßen!" Das heißt: Neudorf, du bist so ein richtiges Suppendorf, überall bekommt man nichts anderes als ein dünnes Süppchen zu essen. Seitdem werden die Neudorfer „liebevoll" als Suppenländer bezeichnet und im örtlichen Suppenmuseum dreht sich inzwischen alles um die „Mutter aller Speisen".

S. 100/101: Im Suppenmuseum Neudorf

Fünf sind geladen
Zehn sind gekommen
Heiß alle willkommen!

Hagebuttensuppe

3 Handvoll Hagebuttenschalen (getrocknet)
1 l Milch
1 1/2 EL Speisestärke
Salz • Zucker • Muskat
1 Brötchen • 2 EL Butter
100 g gehackte Mandeln
100 g Rosinen

Die getrockneten Hagebuttenschalen waschen und 3 bis 4 Stunden mit kaltem Wasser bedeckt stehen lassen. Anschließend einmal aufkochen und pürieren. Etwas Wasser zugeben und nochmals aufkochen. Die Milch zum Sieden bringen. Speisestärke in etwas kaltem Wasser anrühren, die Milch

damit abbinden und anschließend in dünnem Strahl in das kochende Hagebuttenpüree gießen. Mit Salz, Zucker und Muskat abschmecken.
Das Brötchen in Würfel schneiden und diese in der Butter rösten. Gemeinsam mit Mandeln und Rosinen auf die angerichtete Suppe geben.

Tipp: Sie können die entkernten Hagebutten auch frisch in etwas Wasser kochen, durch ein Sieb streichen, das Mus einfrieren und bei Bedarf verwenden. Vitamine und Nährstoffe bleiben erhalten und auch die Farbe der fertigen Suppe sieht frischer aus. Diese Suppe gehört in der Region um Seiffen traditionell zum Weihnachtsessen.

Das Neunerlei

Mit dem Neunerlei ist es eine schwierige Sache. Die einen sagen so, die anderen so und sowohl die einen als auch die anderen sind davon überzeugt, Recht zu haben. Deswegen möchte ich diplomatisch sein und zumindest versuchen, nichts wegzulassen. Sollten es am Ende mehr als „Neunerlei" sein, bitte ich, mir das nachzusehen.

Es gibt Tiere aus drei Lebensräumen: Für fliegende Tiere greifen die Einheimischen gern zu **Gans oder Ente**, wiewohl klar ist, das diese möglichst wenig oder lieber gar nicht geflogen sein sollte. Was nützt einem ein magerer Braten. Nichts! Und ein

Töpfchen Gänseschmalz sollte auch noch abfallen. Den Lebensraum Erde vertritt das **Schwein**. Verzehrt wird es am allerliebsten als Bratwurst. Was den Lebensraum Wasser anbetrifft, schwören die einen auf **Karpfen**, die anderen begnügen sich mit **Hering** im pikanten Salat. Den gebratenen Vogel gibt's gern an den Feiertagen, den Heringssalat im Laufe des Heiligen Abends.

Was weiterhin nicht fehlen darf, ist **Sauerkraut** – damit das Leben im neuen Jahr nicht sauer wird. Außerdem **Rote-Bete-Salat**, denn der sorgt für frisches Blut. Und natürlich **Selleriesalat**, der Fruchtbarkeit bis ins hohe Lebensalter verspricht. Zum Sauerkraut isst man im Erzgebirge

Bratwurst und Kartoffeln als Hauptgericht am Abend des 24. Dezember. **Grüne Klöße** gehören zum Neunerlei, wobei einige als Glücksbringer mit einem Stück Bratwurst gefüllt sein sollen, damit das große Geld nicht ausgeht. Für das notwendige Kleingeld im Portemonnaie sorgen diejenigen vor, die **Linsen** essen, üblicherweise am Mittag. Linsen haben obendrein etwas „Quellendes" und verleihen deswegen Wohlergehen, Gesundheit und Gedeihen schlechthin.

Zum Nachtisch am Abend gibt es **Semmelmilch** mit Schwarz- oder Preiselbeeren, auch Backpflaumen werden hier und dort aufgetischt. Nüsse müssen auch hinein, denn in ihnen ist neues Leben verborgen. Haben Sie mitgezählt? Sieben Gerichte sind es oder auch mehr, je nachdem, ob man die Salate einzeln zählt oder etwas weglässt ... Was noch fehlt sind **Brot und Salz**, die eingewickelt ins Tischtuch in der Heiligen Nacht auf dem Tisch liegen bleiben, „damit der Segen im Hause bleibt und nie Mangel herrscht." Ebenfalls auf dem Tisch befindet sich ein Gedeck für den unbekannten Gast.

Begonnen wird mit dem Neunerlei übrigens mit dem Glockenläuten pünktlich um 18 Uhr. Das ist nicht nur im Erzgebirge so. Wer hier seine Wurzeln hat und den Heiligen Abend nicht in der Heimat verbringen kann, tischt in inniger Verbundenheit zeitgleich mit den Lieben im Gebirge auf.

Linsensuppe

500 g Tellerlinsen
250 g Kassler (durchwachsen)
Salz • schwarzer, gemahlener Pfeffer
1 Lorbeerblatt • 2–3 Kartoffeln
1 Suppengrün
1 mittelgroße Zwiebel
1 EL Schweineschmalz
1 EL Zucker • 2 EL Essig

Die Linsen verlesen, waschen und in 1 l Wasser bissfest kochen. Kassler, Gewürze, die Suppengrün- und Kartoffelwürfel zugeben und gemeinsam fertig garen. Inzwischen die Zwiebel schälen, fein hacken und im Schmalz leicht bräunen. Das Fleisch entnehmen, in mundgerechte Würfel schnei-

den und gemeinsam mit der Zwiebel zurück in den Topf geben. Mit Zucker und Essig süß-sauer abschmecken und mit heißen Würstchen servieren.

Rote-Bete-Salat

500 g Rote Bete
1 mittelgroße Zwiebel
40 ml Essig • 1 TL Zucker
1 TL Salz • 1 Lorbeerblatt
3 Nelken • 1–2 TL ganzer Kümmel

Die Rote Bete waschen und bissfest garen. Anschließend mit kaltem Wasser abschrecken und etwas abkühlen lassen, danach lässt sich die Schale leicht abziehen, bevor Sie die Rote Bete in Scheiben schneiden. Tragen Sie am besten Handschuhe dabei. Die Zwiebel schälen, in Ringe schneiden und für wenige Minuten im kochenden Sud aus 200 ml Wasser, Essig, Zucker, Salz, Lorbeer und Nelken garen. Die Rote Bete mit der heißen Flüssigkeit übergießen, Kümmel zugeben und das Gemüse zum Durchziehen an einen möglichst kühlen Ort stellen.

Tipp: Hier, wie auch beim Selleriesalat (siehe Seite 114) den Sud bitte selbst abschmecken und prüfen. Wenn Sie denken, er ist zu würzig, dann ist er genau richtig!

Rote-Bete- und Selleriesalat schon einige Tage vor dem Fest zubereiten, damit sie gut durchziehen können. Früher brachte man die Schüsseln mit Sellerie und Roter Bete dafür in die „Kammer", wo auch schon die Stollen auf das Anschneiden warteten.

Selleriesalat

1 kg Knollensellerie
1 mittelgroße Zwiebel
150 ml Essig • 3 TL Salz • 2 TL Zucker
2 Lorbeerblätter • 2 EL Öl

Sellerie schälen, braune Stellen entfernen und in schmale Scheiben schneiden. Die Zwiebel schälen und in Ringe schneiden. Selleriescheiben in einem Topf geben, mit Wasser knapp bedecken. Essig, Salz, Zucker und die Lorbeerblätter hinzugeben und aufkochen lassen. Etwa 5 Minuten leicht köcheln. Nach der Hälfte der Zeit die Zwiebelringe zugeben und vor dem Kaltstellen das Öl über den Sellerie träufeln.

Seidene Kartoffelklöße

1 kg mehlig kochende Kartoffeln
1 Ei • 1/2 TL Salz
ca. 200 g Kartoffelmehl
etwas Muskat
eventuell in Butter geröstete Weißbrotwürfel

Die Kartoffeln schälen, weichkochen, etwas abkühlen lassen und dann sofort durch die Kartoffelpresse drücken. Ei, Salz, Kartoffelmehl und frisch geriebenen Muskat mit den Händen unterkneten, bis eine homogene Masse entsteht. Reichlich Salzwasser zum Kochen bringen. Inzwischen aus der Kartoffelmasse Klöße formen und 5 Minuten ins schwach siedende Wasser geben. Den Herd ausschalten und die Klöße 10 Minuten ziehen lassen, dabei hin und wieder umrühren, damit nichts am Boden anhängt. Wenn die Klöße oben schwimmen, einen Probekloß entnehmen und zum Test mit zwei Gabeln mittig auseinanderreißen.

Tipp: Wer mag, gibt vor dem Garen in jede Kloßmitte einige in Butter angeröstete Weißbrotwürfel.

Weihnachtsgans

1 Gans ca. 3–4 kg (bratfertig)
Salz • 4 Äpfel
Beifuß • 1 EL Stärkemehl

Die Gans mit kaltem Wasser waschen, innen und außen großzügig mit Salz einreiben. Mit den Äpfeln sowie einigen Stängeln Beifuß füllen und mit Küchengarn zunähen. Mit dem Rücken nach oben auf die Fettpfanne des Backofens legen und 1/4 l kochendes Wasser darüber gießen. Bei 200 °C Ober-/Unterhitze braten. Pro Kilogramm Fleisch sollte man mit einer Garzeit von etwa 1 Stunde rechnen. Nach der ersten Stunde nochmals 1/4 l heißes Wasser zugießen und während der anschließenden Bratzeit die Gans hin und wieder mit dem austretenden Bratensaft begießen. Dann die Fettpfanne für eine Nacht kaltstellen, damit sich das Fett absetzt und leicht entfernt werden kann. (Gemeinsam mit Schweineschmalz ausgelassen ergibt das anschließend leckeres Gänseschmalz.)

Am nächsten Tag die Gans herausnehmen, die Füllung entfernen, das Fleisch auf den Rost legen, die Oberseite mit Salzwasser einpinseln, damit die Haut knusprig wird und 15 Minuten bei etwa 170 °C erhitzen, dann 5 Minuten bei 250 °C grillen.

Den Fond mit dem in etwas kaltem Wasser eingerührten Stärkemehl abbinden und abschmecken.

Weihnachtssauerkraut

500 g frisches Sauerkraut
2 EL Zucker • 1 TL Salz
2–3 TL Kümmel
2 Knoblauchzehen
1 große Kartoffel
etwas ausgebratener Speck oder Butter

Das Sauerkraut in einem Topf mit Wasser bedecken, Zucker und Salz zugeben und bei schwacher Hitze zugedeckt garen. Zum Ende der Garzeit den Deckel abnehmen, damit das übrige Wasser verdampfen kann, dabei immer gut beobachten, damit nichts anbrennt. In der Zwischenzeit Knoblauch und Kartoffel schälen und in dieser Reihenfolge fein reiben, so geht nichts vom Knoblauch verloren. Mit der Kartoffel-Knoblauch-Masse das Kraut sämig abbinden und abschließend mit ausgebratenem Speck, brauner Butter oder einer veganen Alternative schmelzen.

Tipp: Typisch erzgebirgisch wird das Sauerkraut am späten Nachmittag des Heiligen Abend aufgesetzt, damit es im ganzen Haus nach Weihnachten riecht.

Semmelmilch

1 Mohnzopf oder Brötchen
250 g Heidelbeeren
Milch nach Bedarf
gehackte Haselnüsse oder Mandeln
evtl. Mohn

Mohnzopf oder Brötchen in Würfel schneiden und gemeinsam mit den Heidelbeeren auf vier Schälchen verteilen. Anschließend die kalte Milch darüber gießen und mit Nüssen oder Mandeln bestreuen.

Vun wagn, dos mir racht kabisch sei.
Mir assen alles in uns nei.
De Hauptsach viel un a schie warm.
Dos is gesund für Mogn un Darm.

Von wegen, dass wir recht
mäklig seien.
Wir essen alles in uns rein.
Hauptsache viel und
auch schön warm.
Das ist gesund für Magen und Darm.

(Gottfried Haase, Großolbersdorf)

Rezeptverzeichnis

Bildnachweis

Titelfoto: DROBOT VICTORIIA, Shutterstock.com
Foto Seite 2: Ortspyramide Oelsnitz/Erzgebirge
Innenfotos: Seite 2, 12/13: Kora27 (CC BY SA 4.0 international); Seite 8/9, 19, 58/59, 92/93, 97, 107: Pixabay.com; Seite 17: Aagnverglaser (CC BY SA 4.0 international); Seite 21, 31, 55, 69, 74/75, 86/87, 91, 111, 120/121: Colourbox.de; Seite 26/27: Peter Männig, Leipzig: Seite 35: Silvia Dorster, Leipzig; Seite 36/37; Mario Mendez, Unsplash.com; Seite 43: Unukorno (CC BY SA 3.0 nicht portiert); Seite 46/47: Dr. Bernd Groß (CC BY SA 4.0 international); Seite 53: DROBOT VICTORIIA, Shutterstock.com; Seite 64/65: Uwe Bender, Dresden; Seite 82/83: courtyardpix, Shutterstock.com; Seite 100/101: Bybbisch94, Christian Gebhardt (CC BY SA 4.0 international); Seite 103: Heike Rau, Shutterstock.com; Seite 117: Karl Allgäuer, Shutterstock.com | Illustrationen: Uta Wolf

Literaturquellen

Su sei mr aahm, Erzgebirgisches Allerlei, Scheibenberg 2001 | Weihnachtsland Erzgebirge, Husum Druck- und Verlagsgesellschaft 1995